I LOVE TO SHARE
SZERETEK OSZTOZNI

Shelley Admont
Illustrated by Sonal Goyal and Sumit Sakhuja

www.sachildrensbooks.com
Copyright©2015 by S. A. Publishing
innans@gmail.com

All rights reserved. No part of this book may be reproduced in any form or by any electronic or mechanical means, including information storage and retrieval systems, without written permission from the publisher or author, except in the case of a reviewer, who may quote brief passages embodied in critical articles or in a review.
Minden jog fenntartva. A szerző előzetes írásbeli engedélye nélkül a könyvet semmilyen formában sem szabad reprodukálni.
First edition, 2016

Translated from English by Réka Cseh
Angolról fordította Réka Cseh

I Love to Share (Hungarian Bilingual Edition)/ Shelley Admont
ISBN: 978-1-77268-802-3 paperback
ISBN: 978-1-77268-803-0 hardcover
ISBN: 978-1-77268-801-6 eBook

Please note that the Hungarian and English versions of the story have been written to be as close as possible. However, in some cases they differ in order to accommodate nuances and fluidity of each language.
Although the author and the publisher have made every effort to ensure the accuracy and completeness of information contained in this book, we assume no responsibility for errors, inaccuracies, omission, inconsistency, or consequences from such information.

For those I love the most-S. A.
Azoknak, akiket a legjobban szeretek-S.A.

"Look at how many new toys I have," said Jimmy the little bunny, looking around the room.

- Nézzétek, mennyi új játékom van! – szólt Jimmy, a kisnyúl, körbenézve a szobában.

His birthday party was over and the room was full of presents.

Most lett vége a szülinapi bulijának és a szoba telis-tele volt ajándékokkal.

"Oh, your birthday party was so fun, Jimmy," his middle brother said.

- Jaj, annyira jó volt a szülinapi party-d, Jimmy! – ujjongott a középső testvér.

"Let's play," said his oldest brother. He took the largest box. "There's a huge train inside!"

- Játsszunk! – javasolta a legidősebb testvér. Felkapta a legnagyobb dobozt – Egy óriási vonat van benne!

Suddenly, Jimmy jumped to his feet and grabbed the box. "Don't touch it! It's my train!" he cried. "All these presents are **MINE!**"

Jimmy hirtelen talpra ugrott és megragadta a dobozt.
– Ne nyúlj hozzá! Ez az én vonatom! – kiáltotta. – Az összes ajándék az ENYÉM!

"But, Jimmy," said the oldest brother, "we always play together. What happened to you today?"

– De Jimmy – szólalt meg a legidősebb fivér – mi mindig együtt játszunk. Mi ütött ma beléd?

"Today is MY birthday. And these are MY toys," Jimmy screamed.

– Ma van a szülinapom. És ezek az ÉN játékaim – ordította Jimmy.

"We better go play basketball," said the oldest brother. He glanced out the window. "It's nice and sunny today."

- *Akkor inkább kosarazzunk! – vetette fel a legidősebb testvér.*
Kipillantott az ablakon.
– Szép, napos időnk van ma.

The two bunny brothers took a ball and went outside. Jimmy stayed in the room on his own.

A két nyuszitestvér megfogott egy labdát és kisietett. Jimmy egyedül maradt a szobában.

"Yeah!" he exclaimed. "Now all the toys are for me!"

- Ez az! – örvendezett – Most már minden játék az enyém! Azt csinálok, amit csak akarok!

He took a large box and opened it happily. Inside he found a rail trail and a new colorful train. He just needed to put the rail trail together.

Felvett egy óriási dobozt és boldogan kinyitotta. Új, színes kisvonatot és síneket talált a belsejében. Csak össze kellett illesztenie őket.

"Oh, these pieces are too small!" he said, holding the rail trail parts. "How should I connect them together?"

- Jaj, ezek a darabkák túl kicsik! – állapította meg a síndarabokkal a kezében. – Hogy rakjam össze?

Somehow he built the rail line, but it came out crooked. When he finally turned on his new colorful train, it got stuck on the track.

Valahogy megépítette a sínpályát, de elég görbére sikeredett. Amikor végre elindította rajta új, színpompás mozdonyát, az megakadt a pályán.

Jimmy looked around and spotted another box.

Jimmy körülnézett és észrevett még egy dobozt.

"No worries. I have more new toys," he said and took another present. Inside there were superhero toys.

- *Semmi gond. Vannak még új játékaim – jegyezte meg és felkapott egy másik ajándékdobozt. Szuperhős figurákat rejtett.*

"Wow!" exclaimed Jimmy. He started to run around the room with new superhero toys in his hands.

- *Wow! – kiáltott fel Jimmy. Elkezdett körbe-körbe szaladgálni a szobában, kezében új szuperhőseivel.*

Soon he became tired and bored. He tried everything. He played with his favorite teddy bear and he even opened all his presents, but it was not fun at all.

Hamarosan elfáradt és unatkozni kezdett. Mindent kipróbált. Játszott kedvenc plüssmacijával, kibontotta az ajándékait is, de az egészet egyáltalán nem élvezte.

Jimmy watched through the window and saw his brothers playing cheerfully with their basketball. The sun was shining brightly, and they were laughing and enjoying themselves.

Jimmy kibámult az ablakon és a vidáman kosarazó bátyjait figyelte. Ragyogóan sütött a nap, nevettek és jól érezték magukat.

"How are they having so much fun? They only have one basketball!" said Jimmy. "All the other toys are here with me."

- Hogy érezhetik magukat ennyire jól? Csak egy kosárlabdájuk van! – szólt Jimmy. – Az összes többi játék itt van nálam.

Then he heard a strange voice.

Aztán furcsa hangra lett figyelmes.

"They SHARE," it said.

- Ők OSZTOZNAK – mondta.

Jimmy looked around the room, staring at his bed where his teddy bear sat. The voice came from *there.*

Jimmy végigpásztázta a szobát, majd az ágyára szegezte a tekintetét, ahol a plüssmackója ült. Onnan jött a hang.

"They share," repeated his teddy bear with a smile.

- Osztoznak – ismételte meg a mackó mosolyogva.

Jimmy looked at him amazed. He never thought that sharing could be fun.

Jimmy elképedve nézett rá. Sosem gondolta volna, hogy osztozni jó is lehet.

Jimmy shook his head. "No...I don't like to share. I love my toys."

Megrázta a fejét.
- Nem...én nem szeretek osztozni. Imádom a játékaim.

"Try it," insisted his teddy bear. "Just try it."

- Próbáld ki – erősködött a maci – csak tegyél egy próbát!

Meanwhile the weather changed. Dark clouds covered the sky and large raindrops started falling to the ground.

Közben megváltozott az idő. Sötét felhők gyülekeztek az égen és hatalmas cseppekben megeredt az eső.

Laughing, the two bunny brothers ran into the house.

A két nyuszitesó nevetve berohant a házba.

"Oh, you're all wet," said Mom. "Go change your clothes and I'll make you hot chocolate."

- Jaj, csuromvizesek vagytok! – kiáltott fel Anyu – Menjetek átöltözni, addig én csinálok nektek forró csokit.

"Come, Jimmy, do you want hot chocolate too?" she asked. Jimmy nodded.

- Gyere, Jimmy, te is kérsz forró csokit? – tudakolta. Jimmy bólintott.

Mom opened the fridge to grab the milk. "Look, there's a small piece of your birthday cake left."

Anyu kinyitotta a hűtőszekrényt, hogy kivegye a tejet.
- Nézd csak, maradt egy kis szelet a szülinapi tortádból!

Jimmy jumped to his feet. "Yeah, can I have it? It was so tasty!"

Jimmy talpra szökkent.
- Juhú, megehetem? Annyira fincsi volt!

At that moment, his brothers entered the kitchen.
Abban a pillanatban a bátyjai léptek be a konyhába.

"Did you say cake?" asked the middle brother.
- Tortát mondtál? – kíváncsiskodott a középső.

"I'd like a piece," added the oldest brother.
- Szeretnék egy szelettel – tette hozzá az idősebb.

Their father followed them. "Is this a...birthday cake?"
Aztán az apjuk is megjelent.
- Az ott....szülinapi torta?

Mom smiled softly. "Ahh...there is actually a tiny little piece left. And there are five of us."
Anyu lágyan mosolygott.
- Hát...igazából csak egy aprócska szelet maradt. És öten vagyunk.

Jimmy looked at his loving family and felt a warm feeling spread from his heart. He knew what he needed to do and it felt so good.

Jimmy szerető családjára nézett és a szívét melegség árasztotta el. Tudta, mit kell tennie és ez olyan jó érzés volt!

"We can share," he said. "Let's cut it into five pieces."

- Osztozhatunk rajta – jelentette ki – vágjuk ötfelé!

All the members of the bunny family nodded their heads. Then they sat around the table and everyone enjoyed a piece of birthday cake and a hot chocolate.

A nyuszicsalád többi tagja bólintott. Leültek az asztal köré és mindenki élvezettel elfogyasztotta a tortaszeletkéjét és forró csokiját.

Jimmy glanced at their smiling faces and thought, *Sharing can actually feel very nice after all.*

Jimmy végigfuttatta tekintetét a mosolygó arcokon és arra gondolt, hogy mégiscsak jól tud esni, ha megosztunk valamit.

When they finished, Mom came to Jimmy and gave him a huge hug. "Happy birthday, honey," she said.

Amikor befejezték, Anyu odalépett Jimmy-hez és szorosan átölelte.
- Boldog szülinapot, kicsim! – mondta.

The two older brothers and their dad gathered around them and shared the family hug.

A két idősebb testvér és az apukájuk is odagyűlt köréjük, majd nagy, családi ölelésben fonódtak össze.

"Happy birthday, Jimmy," they screamed together.

- Boldog születésnapot, Jimmy! – kiáltották kórusban.

Jimmy smiled. "Do you want to play with my toys?" he asked his brothers. "I have a new train and new superheroes."

Jimmy mosolygott.
- Van kedvetek játszani a játékaimmal? – kérdezte a bátyjait. – Új vonatot és szuperhősöket kaptam.

"Yeah! Let's play!" shouted the bunny brothers.

- Naná! Játsszunk! – harsogták a nyuszitestvérek.

Together Jimmy and his brothers built a perfect rail trail. The train whistled and ran fast around the track.

Jimmy és testvérei együtt tökéletes sínpályát építettek. A mozdony fütyülve száguldott végig rajta.

Then they opened the presents and played with all their toys.

Kibontották az ajándékokat és az összes játékukkal játszottak.

From then on, Jimmy loved to share. He even said that sharing is fun!

Ettől kezdve Jimmy már szeretett osztozni. Sőt, még azt is kijelentette, hogy osztozni vidám dolog.